D1672897

PARIS
VON GESTERN
BIS HEUTE

übersetzt von Renate Reismann

© ÉDITIONS HERVAS
123, av. Philippe-Auguste, 75011 Paris

ISBN : 2.903.118.95.7

JEAN COLSON

PARIS
VON GESTERN
BIS HEUTE

Illustriert mit 57 Gravuren,
Dokumenten und Karten

ÉDITIONS HERVAS

Das Pariser Stadtwappen, Gravur von 1874.

I

Eine günstige Lage

Ihre günstige Lage ist einer der wesentlichen Gründe für die Entwicklung der Stadt Paris. An der Seine gelegen, besitzt sie, mit dem Zufluß der Marne flußaufwärts und der flußabwärts einmündenden Oise, ein bemerkenswertes Netz von Wasserstraßen. Zudem wird das Überqueren des Flusses durch die Cité-Insel erleichtert, denn sie teilt an einer hügeligen, nicht überschwemmbaren Stelle die zu überquerende Strecke in zwei schmale Wasserarme.

Sicht auf Paris um 1620, Gravur nach einer Zeichnung von Merian.

Früher besaß die Seine auf ihrem rechten Ufer zwei Flußbetten, zum einen ihr heutiges, zum andern ein weiter nördlich verlaufendes Flußbett, das sich um die Hügel von Belleville, Montmarte und Chaillot schlängelte. Bei Hochwasser vereinigten sich die beiden Wasserarme in einen breiten Strom und machten so das rechte Ufer völlig unbegehbar. Durch seine Trockenlegung im 12. und 13. Jahrhundert verwandelte sich dieser niedrig gelegene Sumpfboden in fruchtbares Gartengebiet, die « jardins maraîchers » genannten Obst- und Gemüsegärten, denen das Maraisviertel seinen Namen verdankt. Doch die günstige Lage allein hätte nicht ausgereicht, dazukam, daß diese Übergangsstelle zur nördlich gelegenen

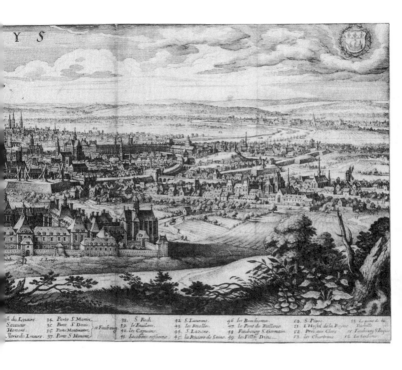

Lenditebene führte, wo sich die gallischen Stämme alljährlich
zu einem großen religiösen Treffen und Marktfest versam-
melten. Der dorthin führende Weg entsprach dem späteren
Pilgerweg St. Jacques, der heutigen Rue Saint-Jacques. Er verlief zwischen der Seine-Mündung des Flüßchens Bièvre im
Osten und einem Sumpfgebiet im Westen in Richtung Seine, die
er in Höhe der späteren Brücken « Petit-Pont » und « Pont
Notre-Dame » überquerte. Auf dem rechten Seineufer führte er
zunächst durch zwei sandige Ufergebiete, dem « Grève » -
strand im Osten und der « Ecole » (eigentlich escale =
Anlegestelle) im Westen, und entsprach in seinem Verlauf der
heutigen « Rue Saint-Martin ».

Die Thermen von Cluny, Gravur nach G. Stein. 1892.

Das Amphitheater von Lutetia, die sogenannten « arènes de Lutèce ».

II

Von den Römern zu den Franken:
Das linke Ufer und die Cité-Insel

52 vor Christus geht der so beschriebene Ort durch Cäsars Schrift « Der gallische Krieg » in die Geschichte ein. Hier wurden die Parisii unter ihrem Anführer Camulogenus von einem Legaten Cäsars namens Labienus geschlagen. Die Römer gründeten die Stadt Lutetia am linken Seineufer auf einem später Sainte-Geneviève genannten Hügel. Die Stadt entwickelte sich nach einem Rasterplan in Richtung Seine, wobei die Nord-Süd-Achse der Rue Saint-Jacques entsprach. Schon im ersten

Jahrhundert nach Christus wurde das Forum erbaut, zu dem sich im zweiten Jahrhundert ein Tempel und eine Basilika gesellten. Lutetia besaß drei Bäder. Die Gewölbe der jüngsten Badeanlage sind noch heute an der Straßenkreuzung der beiden Boulevards Saint-Michel und Saint-Germain zu sehen. Zu Lutetia gehörte im übrigen ein kleines Theater und ein großes Amphitheater. Letzteres, stark renoviert, kann unter der Bezeichnung « Arènes de Lutèce » von der Rue Monge aus besichtigt werden. Aus Quellen bei Rungis und Chilly-Mazarin wurde die römische Stadt über ein Aquädukt mit Wasser versorgt. Am anderen Flußufer bestand weiterhin eine gallische Ansiedlung, um die Anlegestelle am Strand « Port du grève », wo sich Fleischer, Gerber und Färber, die für ihr Gewerbe Wasser brauchten, niedergelassen hatten.

Im dritten Jahrhundert, insbesondere in den Jahren 253 und 275, hatte Lutetia unter den Invasionen der Barbaren zu leiden. Die Bewohner suchten Zuflucht auf der Cité-Insel, die man mit einer Befestigungsanlage versehen hatte. Mit dem um sich greifenden christlichen Glauben kam der heilige St. Denis nach Paris, wo er um 250 den Märtyrertod fand. Auf dem Ostteil der Insel entstand ein erster Kirchenbau. Im Westteil stand die kaiserliche Residenz, in der sich Julian von 358-359 aufhielt und wo er 360 zum Kaiser proklamiert wurde. Der römische Kaiser Valentinian hielt sich 365 und 366 in der Residenz auf.

Zu Beginn des 5. Jahrhunderts wanderten die ersten, meist friedlichen, germanischen Stämme ein. 451 trugen sie dazu bei, Gallien vor dem Einfall der von Attila angeführten Hunnen zu retten. In Paris rief die heilige Geneviève die Bewohner zum Widerstand auf und hinderte sie daran, die Stadt zu verlassen. Die Franken, einer dieser germanischen Stämme, ließen sich in Nordfrankreich nieder. Unter ihrem Anführer Chlodwig besiegten sie 486 in Soissons das aus gallischen und römischen Soldaten bestehende Heer des Syagrius. Nachdem sich Chlodwig zehn Jahre später zum christlichen Glauben bekehrt hatte, ließ er sich in Paris nieder und ließ auf der höchsten Stelle des linken Seineufers die Kirche Saints-Apôtres bauen, wo er neben der heiligen St. Geneviève bestattet wurde. Später erhielt der Hügel zum

Kirche der früheren Abtei von Saint-Germain-des-Prés.

Das Refektorium der ehemaligen Abtei Saint-Martin-des-Champs um 1270, jetzt Bibliothek des « Conservatoire des arts et métiers » Gravur Ende des 19. Jh.

Gedächtnis der Heiligen den Namen « Montagne-Sainte-Geneviève ». Chlodwigs Sohn, Childebert I., gründete 543 die Abtei Saint-Germain-des-Prés. Die 558 geweihte Kirche, Grabstätte der Merowinger-Könige, wurde in der zweiten Hälfte des 9. Jahrhunderts von den Normannen geplündert und gebrandschatzt. Im Jahre 1000 wurde die Kirche wieder aufgebaut und im 13. Jahrhundert wurde die Abtei unter anderem von Pierre de Montreuil, einem der großen Baumeister des Mittelalters, renoviert. Besonders im 18. Jahrhundert war die Abtei geistiger Mittelpunkt, bevor der Großbrand vom 6. August 1794 fast alle Gebäude, die während der französischen Revolution zur Lagerung von Pulverfässern dienten, zerstörte. Aus der Zeit der Merowinger stammen zwei weitere Abteien: Sainte-Geneviève auf dem linken und Saint-Martin-des-Champs auf dem rechten Seineufer.

Vom 6. bis zum 8. Jahrhundert trat die Entwicklung von Paris auf der Stelle, denn nach merowingischem Erbrecht wurde das Reich allen männlichen Abkommen zu gleichen Teilen übertragen, wodurch das Königreich des Chlodwig mehrfach aufgeteilt und nur selten zugunsten eines einzigen Erben wieder in voller Größe erstarkte. Das Stadtgebiet von Paris schrumpfte zusammen, das linke Ufer entvölkerte sich. Das Leben konzentrierte sich auf die Cité-Insel und auf die um die Anlegestelle entstehende Ortschaft « Grève ».

Unter einer weiteren schwachen Dynastie, während der Herrscherzeit der Karolinger, fuhren die Normannen seineaufwärts und überfielen in den Jahren 845 und 869 mehrmals die Stadt. Bischof Gozlin nahm sich der Verteidigung von Paris an, unter seiner Führung wurde die unter dem spätrömischen Reich erbaute Festung der Cité-Insel verstärkt und am nördlichen Seine-Arm eine Staumauer errichtet. So brachte er den gewerbetreibenden Teil der Stadt vor den Normannen, die zwischen 885 und 889 erneut einfielen, in Schutz.

Eingang zum Châtelet, Gravur nach einer Zeichnung aus dem 17. Jh..

Die Sainte-Chapelle (1248) und der Justizpalast im 17. Jh.

III

Aufblühen des rechten Seineufers vom 10. bis zum 13. Jahrhundert

Im zehnten Jahrhundert blühte Paris erneut auf. Das städtische Treiben konzentrierte sich auf die Cité-Insel, mit dem Königspalast im Westen und der kirchlichen Domäne im Osten. Zwischen diesen beiden Bereichen lag, um die Rue de la Juiverie, heute Rue de la Cité, das Gebiet der Händler. Auf dem rechten Seineufer entstanden zwei Pole: einmal im Osten der Hafen mit dem in voller Entwicklung befindlichen Grève-Platz, zum andern im Westen der Ort Saint-Germain-l'Auxerrois, der sich um die Kirche und den Port de l'Ecole (= escale) entwickelt hat. Weiter nördlich, zwischen diesen beiden Polen lag das Gebiet namens « Champeaux », mit dem größten Markt und der Friedhof « Saints-Innocents ». Nicht weit von der gegen 1115 auf dem rechten Seineufer von Louis VI, dem Dicken, erbauten Festung, dem sogenannten « Châtelet », befand sich die einzige autorisierte Schlachterei. Die Geldwechsler, die damaligen Bankiers, hatten ihre Häuser auf der Brücke « Grand-Pont », der heutigen Pont-au-Change.

Das linke Seineufer stagnierte, Felder und Weinberge breiteten sich aus, während auf dem rechten Seineufer im 11. und 12. Jahrhundert zwei große kirchliche Einrichtungen gegründet wurden. 1133 ließ Louis VI, der Dicke, auf Bitten seiner Gattin Adélaïde von Savoyen, die Abtei Montmartre erbauen. Sie umfaßte die Kirche Saint-Pierre, die älteste Pariser Kirche, deren Bau 1133 in Angriff genommen und 1147 vollendet wurde. Den Klosterfrauen von Montmartre wurde die weiter unterhalb am Fuß des Hügel liegende Märtyrerkapelle anvertraut, die dem Märtyrertod des Heiligen St. Denis und seiner Gefolgsleute geweiht war. Am 15. August 1534 gründeten Ignaz von Loyola und seine sechs Gefährten an diesem Ort die Gesellschaft Jesu. Schließlich erwarben die seit 1140 in Paris niedergelassenen Templer Grundbesitz im sogenannten « marais » (Sumpfgebiet) Nach der endgültigen Eroberung Palästinas durch die Araber im Jahre 1291 wurde der Orden zersprengt und sein Großmeister, Inhaber des Ordensschatzes suchte Zuflucht in Paris. Das Grundstück der Templer war von einer acht Meter hohen Mauer umgeben. In diese Stadt in der Stadt konnte man nur durch ein einziges, mit einer Zugbrücke verschließbares Tor, gelangen. Philipp IV. (dem Schönen) mißfiel die finanzielle Macht des Ordens, er klagte ihn der Sodomie und der Ketzerei an, verurteilte die Ordensmitglieder zum Scheiterhaufen und konfiszierte im Jahre 1314 den Besitz des Ordens. Das Grundstück des « temple » ging an den Hospitaliterorden « Saint-Jean-de-Jerusalem ».

Der Pont-au-Change nach einer Gravur des 17. Jh.

Aber kehren wir zurück ins vorhergehende Jahrhundert: Unter der Herrschaft von Philippe Auguste (1180-1223) wurden auf seine Initiative hin auf den « Champeaux », dem Standort der späteren Kirche Saint-Eustache, für einen bis dahin unter freiem Himmel stattfindenden Markt, zwei große Verkaufshallen für Stoff-, Pelz- und Kurzwaren errichtet. Auch der im November weiter nördlich stattfindende Markt « Saint-Lazare » wurde in die Nähe dieser Verkaufshallen verlegt. Als sich der Markt jedoch auf das Friedhofsgebiet « des Innocents » ausweitete, ließ König Philippe August eine Mauer um die Nekropole ziehen, um dieser Gewohnheit ein Ende zu machen.

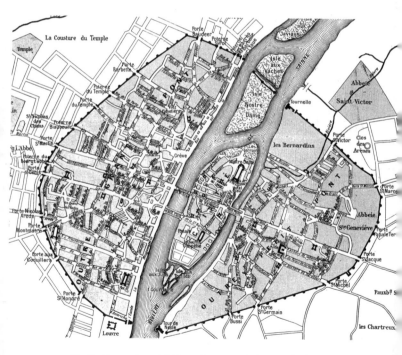

Die Stadtmauer von Philippe Auguste (1190) nach einer Karte von Paris um 1300 von Mareuse und Taisne.

20

Die Stadtmauer von Philippe-Auguste Rue Clovis.
Gravur nach G. Coindre. 1891.

1190 beschloß Philippe Auguste die Stadt mit einer 39 Türme umfassenden Stadtmauer zu befestigen. Auf der rechten Seine-Seite sollte sein Schloß ein abschließendes Bollwerk bilden. Reste dieser Mauer sind in den Kellergeschossen des Louvre zu sehen. Sie umgab auf dem rechten Seineufer sowohl die Ortschaften Grève und Saint-Germain-l'Auxerrois, als auch die entstehende Ortschaft Champeaux. Auf der linken Seineufer entsprach der außerhalb der Stadtmauer entlangführende Weg den heutigen Straßen: Rue des Fossés Saint Bernard, Rue du Cardinal Lemoine, Rue de l'Estrapade, Rue des Fossés-Saint-Jacques, Rue Monsieur-le-Prince und Rue Mazarine.

Im Laufe des 13. und zu Beginn des 14. Jahrhunderts entwickelte sich die Stadt weiterhin auf der rechten Uferseite, einmal entlang den beiden Nord-Süd-Achsen, die von der Rue Saint Martin und der Rue Saint Denis, gebildet werden, zum andern in nordwestlicher Richtung. Zur selben Zeit schossen aber auch auf dem linken Seineufer eine Reihe von Schulen aus dem Boden, etwa dreißig insgesamt, darunter 1257 die Sorbonne, 1280 das Collège Harcourt, 1302 die Schule des Kardinal Lemoine, 1304 das Collège von Navarre und 1314 das Collège von Montaigu, um nur die bekanntesten zu nennen. Zu jener Zeit war Paris die größte Stadt des Abendlandes und zählte nach heutiger Schätzung 200 000 Einwohner.

Die Sorbonne-Kapelle, Gravur von Trichon nach Thérond, Ende des 19. Jh.

*Der Grève-platz im 14. Jahrhundert nach einer Gravur
aus dem 19. Jh.*

Der Louvre von Charles V nach einer Gravur des 19. Jh.

IV

Der Hundertjährige Krieg und die große Pest

Die Leiden des 14. Jahrhunderts unterbrachen diese Blütezeit. Der hundertjährige Krieg, mit den beiden Niederlagen von Crécy und Poitiers gleich zu Beginn (1346 und 1356), die Große Pest vom Jahre 1348 und der Aufstand unter Etienne Marcel (1356-1358), bremsten die Entwicklung von Paris. Es folgte eine etwas ruhigere Zeit, während der Charles V auf dem rechten Seineufer eine neue Stadtmauer errichten ließ, deren Verlauf im Osten den heutigen Boulevards, den Straßen Rue Meslay und Rue d'Aboukir entsprach, und dann zwischen dem Pont Royal und dem Pont du Carousel über den Palais Royal und über die Rue Sainte Honoré zur Seine hinunterführte.

Auf dem linken Seineufer wurden die Ortschaften Saint-Germain-des-Prés, Saint-Marcel und Notre-Dame-des-Champs, die sich außerhalb der von Philippe Auguste errichteten Befestigungsanlage befanden, ebenfalls befestigt. Notre-Dame-des-Champs war zu jener Zeit ein kleines Dörfchen, das sich um die Kapelle desselben Namens scharte, wo sich unter dem Heiligen St. Denis die ersten Christen Lutetitas versammelt hatten. Die Kapelle befand sich nicht weit von der Rue Henri Barbusse im 5. Bezirk und ist nicht zu verwechseln mit der heutigen Kirche Notre-Dame-des-Champs am Boulevard Montparnasse, die 1867-1876 zum Gedächtnis an die ursprüngliche Kapelle errichtet wurde.

Charles V verließ den Königssitz auf der Cité-Insel und bezog den Louvre, nachdem die Festung in eine Residenz umgebaut worden war. Noch lieber hielt er sich in seinem Stadtschloß « Hôtel Saint-Pol » auf, das er 1361-1365 zwischen der Rue Saint-Antoine, der Seine, der Rue Saint-Paul, und der Rue du Petit-Musc erbauen ließ. Seine Nachfolger, mit Ausnahme von Charles VI, bevorzugten 150 Jahre lang das « Hôtel des Tournelles » auf dem heutigen Place des Vosges. Was die anderen Institutionen der Macht betrifft, so befand sich die öffentliche Gerichtbarkeit im Cité-Palast, die Präfektur, die für die öffentliche Ordnung zuständig war, im Châtelet, der Vorstand der Händler und der Schöffen an der Place de Grève.

1437 zog Charles VII im Triumphzug nach Paris ein, nachdem die Stadt im Laufe des hundertjährigen Krieges die Hälfte ihrer Einwohner verloren hatte. Erst zum Ausgang des 15. Jahrhunderts blühte die Stadt erneut auf und erreichte wieder die Zahl der 200 000 Einwohner wie zu Beginn des 14. Jahrhunderts. Obwohl mehrfach verboten wurde, jenseits der Stadtbefestigung neue Gebäude zu errichten, entwickelte sich Paris außerhalb seiner Stadtmauern weiter. An den Ufern des Bièvreflüßchens, im heutigen Gobelin-Viertel, dessen Bezeichnung von einer berühmten Färberdynastie herstammt, hatten sich Ende des 14. Jahrhunderts Gerber und Färber niedergelassen.

Das Bièvre-Flüßchen, Gravur nach Bassan, 19. Jh.

Das Hôtel de Sens, Gravur nach Poirson, 1891.

Das ehemalige Hôtel de Ville, nach einer Gravur des 17. Jh.

V

Die Bauten der Renaissance, von Henri IV und Sully

Als die Kriegswunden geheilt waren, zog in Paris ganz allmählich der neue Stil der Renaissance ein. Das Hôtel de Sens (1474-1519) zeigt noch zahlreiche gotische Aspekte. Aber die von 1500 bis 1511 errichtete Notre-Dame Brücke zeigt mit ihren nunmehr gleichartig gestalteten doppelten Häuserreihen, die nicht mehr wie früher beliebig hingebaut wurden, den Beginn einer gemeisterten Stadtplanung. Das « Hôtel de Ville » (Rathaus) wurde ab 1533 von Pierre de Chambiges nach Bauplänen des aus Cortone stammenden Toskaners Boccador wieder aufgebaut. Der Bau des neuen Louvre, ein hervorragendes Beispiel der neuen Kunstrichtung, wurde 1546 von François Ier in Angriff genommen. Er beauftragte mit dem Bau Pierre Lescot, der schon den südlichen Halbflügel der Westseite errichtet und mit Skulpturen seines Freundes Jean Goujon ausgestattet hatte. Gleichzeitig wurden von 1530 bis 1536 die Stadttore der von Philippe Auguste angelegten Stadtmauer abgerissen. 1532 legte der Stadtvorsteher von Paris den ersten Grundstein zum Bau von Saint-Eustache. Der Übergang von der, in der Baustruktur noch sichtbaren Gotik, zur Renaissance, die sich im Dekor ausdrückt, zeigt sich deutlich. Die Kirche wurde erst 1637 vollendet, mit Ausnahme der Fassade, die aus dem 18. Jahrhundert stammt. Zehn Jahre später, 1543, beschloß François 1er die Parzellierung für den Bau der großen feudalen « Hôtels » genannten Stadtschlösser, insbesondere des Hôtel de Bourgogne, von dem in der Rue Étienne Marcel nur noch die Tour de Jean-sans-Peur erhalten ist, des Hôtel de Flandres an der Südwestseite des Place des Victoires, und des Hôtel de la Reine Mère Rue Saint-Paul.

Aber wieder einmal wütete der Krieg, diesmal der Religionskrieg zwischen Katholiken und Reformierten, wobei erstere von den Spaniern unterstützt wurden. Diese fielen 1557 in Nordfrankreich ein. Das bedrohte Paris flüchtete sich hinter die « gelben Stadtgräben », die 1562 bis 1566 entstanden. Die Kriegsgefahr zog jedoch vorüber: Henri IV, der Protestant aus der Gascogne, war der Ansicht, Paris sei eine Messe wert und wurde Nachfolger des ermordeten Henri III.

Mit seinem Minister und Freund Sully nahm Henri IV große Bauvorhaben in Angriff. Die 1578 von seinem Vorgänger begonnene « Pont Neuf » wurde 1606 fertiggestellt. Diese Brücke stützt sich auf eine künstliche Halbinsel, die aus der Verbindung zwischen den Inseln des Patriarchen und der Juden mit der Cité-Insel entstanden war. Flußaufwärts baute man auf der so entstandenen Fläche 1607 die Place Dauphine zu Ehren des jungen

Der Turm « Jean sans Peur », Gravur nach Poirson, 1890.

Thronfolgers, des künftigen Louis XIII. Auf dem rechten Seineufer wurde unter der Herrschaft von Henri IV die « Place Royale » (später Place des Vosges) angelegt und 1612, zwei Jahre nach seinem Tod, vollendet. Nicht unweit des Platzes befinden sich weitere Spuren der Bautätigkeit von Henri IV: ein Platz in Form eines Halbkreises, Place de France genannt, den zum einen konzentrische, halbkreisförmig angelegte Straßenzüge umgeben und zum andern, strahlenförmig aufeinander zulaufende Straßen durchbrechen. Die halbkreisförmig angelegte Rue Debeilleyme entspricht dem ersteren Straßentyp, während in den Rues de Normandie, Bretagne und Poitou die strahlenförmig verlaufenden Straßen erhalten sind.

Auf dem linken Seineufer erwarb Königin Marguerite von Valois, die erste Gattin von Henri IV 1606 einen Teil des Pré-aux-Clercs, zwischen den heutigen Rue de Seine und Rue de

Ravaillac, der Henri IV ermordet hatte, wird auf dem Grève-Platz gevierteilt (1610).

Die Place Royale, heute Place des Vosges. Gravur nach H. Clerget,
Ende des 19. Jh.

*Ausschnitt aus einer Karte von Paris nach Truchet und Hoyau,
1550. Die Kathedrale Notre-Dame überragt die Cité-Insel
und die Saint-Louis-Insel war noch nicht entstanden.*

Bellechasse, um dort ihr Stadtschloß zu errichten. Als sie 1615 starb, wurde der Besitz 1620 von Spekulanten aufgekauft und zerstückelt, darunter befand sich ein gewisser Le Barbier, dem wir auf dem rechten Seineufer wieder begegnen werden. So begann die Entstehung des heutigen Faubourg Saint-Germain. Auf demselben Ufer erwarb die Witwe von Henri IV, Marguerite de Medicis, 1612 den Herrensitz des Herzogs François de Luxembourg und einen Teil des Grundbesitzes der Chartreux-Mönche, der sich seit dem 13. Jahrhundert auf dem Gebiet des heutigen Jardin du Luxembourg und weiter hinaus erstreckte. Hier ließ sie von Salomon de Brosse ein Schloß nach italienischem Stil erbauen. Ab 1614 wurden die Notre-Dame Insel und die Ile-aux-Vaches vereinigt und bilden die heutige Saint-Louis

*Die rue de Bretonvilliers, die zu Beginn des
17. Jh. auf der Saint-Louis-Insel angelegt wurde.*

Insel, auf der sich große Bankherren niederließen, insbesondere auf der Ostseite der so entstandenen neuen Insel. Den großen geistlichen Grundbesitzern fehlte es im übrigen, aufgrund der unsicheren Zeiten, einer Folgeerscheinung der Refom, an finanziellen Mitteln und sie veräußerten deshalb einen Teil ihres Grundbesitzes an Geschäftsleute, die ihn in kleinere Grundstücke aufteilten. So verkauften die « Filles-Dieu » ihren Besitz von Villeneuve-du-Temple. Die Abtei Saint-Germain verkaufte das Gelände ihrer ehemaligen Befestigungsgräben, und die Universität parzellierte den Überrest des Pré-aux-Clercs. Diese zum Teil großen Grundstücke wurden von Finanzleuten aufgekauft, die sich entlang der heutigen Rue de Lille niederließen.

Auf dem rechten Seineufer ließ sich Richelieu, in der Nähe des Louvre in einem 1624 bis 1636 errichteten und später « Palais Royal » genannten Palast nieder, 1641 errichtete Mazarin nicht weit davon die Bauten, die später nach zahlreichen Veränderungsarbeiten die Bibliothèque Nationale beherbergen sollten. Richelieu fand Nachahmer, insbesondere in La Vrillière, dessen Hôtel heute zu den Gebäuden der Banque de France gehört. Der vom linken Seineufer bekannte Spekulant Le Barbier ließ zwei Straßenzüge, Rue de Cléry und Rue d'Aboukir auf den ehemaligen Befestigungsanlagen anlegen.

Die Gegenreform bewirkte einen Aufschwung der Frömmigkeit, der von Königin Anne d'Autriche gefördert wurde. Ihr verdankt Paris das « Val de Grace ». Kirche und Konvent entstanden von 1645 bis 1647. Der Bau von Saint-Etienne-du-Mont wurde 1492 begonnen und 1626 fertiggestellt, Saint-Eustache folgte 1637. Die Bauarbeiten für Saint-Roch, Saint-Sulpice und Saint-Nicolas-du-Chardonnet wurden jeweils 1646, 1653, und 1656 begonnen.

Die Kirche des Val-de-Grâce, nach einer Gravur des 19. Jh.

Der Invalidendom, Gravur von Trichon nach Thérond, Ende des 19. Jh.

Die frühere Porte Saint-Martin. Sie wurde abgerissen und an ihrer Stelle wurde die heutige Porte Saint-Martin als Siegesdenkmal für Louis XIV errichtet.

VI

Das Jahrhundert von Louis XIV und seine großen Architekten: Bruant, Le Vau, Mansart

Louis XIV beschloß, die Hauptstadt zu verschönern, wenn er auch für seinen persönlichen Aufenthalt Versailles vorzog. Die Bauarbeiten am Louvre begannen erneut. Die Cour Carrée wurde vollendet und die Kolonnade von Claude Perrault zwischen 1667 bis 1670 errichtet. Das Hôtel des Invalides wurde von Libéral Bruant 1671 begonnen und die Kirche mit ihrer Kuppel wurde von Hardouin Mansart 1679 in Angriff genommen. Die Esplanade sowie die Straßenkreuzung der Avenuen Breteuil, Ségur und Villars wurden zu Beginn des 18. Jahrhunderts angelegt. Ab 1670 wurde auf Initiative von Louis XIV die alte Befestigungsanlage in mit Bäumen bepflanzte Promenaden, unseren heutigen Boulevards, umgestaltet, ein Unternehmen, das sich auf dem linken Seineufer bis 1715 hinstreckte.

Die Stadttore von Paris wurden erneuert: Das unter Henri III erbaute Tor Saint-Antoine wurde 1671 von Blondel renoviert, das Tor Saint-Bernard wurde 1674 im antiken Stil gestaltet. Zwei weitere Tore wurden erbaut: das Tor Saint-Denis 1672 zu Ehren der Siege von Louis XIV in Holland und das von Bullet 1674 erbaute Tor Saint-Martin zu Ehren der Annexion der Franche-Comté und des Limburg. Mit dem Bau des Triumphbogens auf der heutigen Place des Nation wurde 1674 begonnen. Einige Jahre später wurde der Bau unterbrochen und 1716 wieder abgerissen. Im Westen plante Le Notre ab 1668 die Gartenanlagen und die Perspektive um die Champs Elysées. Die Place des Victoires wurde 1684 bis 1686 auf Initiative des Maréchal de la Feuillade nach Bauplänen von Mansart und später von Hardouin-Mansart ausgestaltet. Die auf Mansart und Louvois zurückzuführende Parzellierung der Grundstücke der Place Vendôme hatte keinen Erfolg. Die zur Anwerbung künftiger Käufer errichteten Fassaden mußten wieder abgerissen werden. Die sehr viel später wieder aufgenommenen Bauarbeiten wurden erst 1724 vollendet.

Das Maraisviertel, das im 17. Jahrhundert seine Blütezeit erlebt hatte, mußte seinen Rang dem westlicheren Seineufer abtreten, das ländlicher und vor allem näher an Versailles gelegen war. Dort befand sich der eigentliche Sitz der Macht und der königliche Hof. Versailles konnte auf zwei Wegen, nördlich und südlich der Seine, erreicht werden. Im Faubourg Saint-Germain ließen sich gegen Ende des 17. Jahrhunderts, zwischen den Rues des Saint-Pères, de Sèvres, Oudinot und dem Boulevard des Invalides die großen Staatsdiener nieder. Darüberhinaus ist mit der Entwicklung von der Ortschaft Gros-Caillou der Drang nach Westen spürbar. Auf dem rechten Seineufer bilden die Chaussées de Gaillon, d'Antin, und La Ville-l'Évêque den neuen Faubourg Saint-Honoré. Zwei prunkvolle Stadtschlösser prägten damals wie heute diese beiden Pole: auf dem rechten Seineufer das Hôtel des Grafen von Évreux (1718-1720) das zeitweise von Madame Pompadour bewohnt wurde, heute der Elyseepalast; und auf dem linken Seineufer der von François de Bourbon (1722-1728) errichtete Palast, in dem heute die Nationalversammlung tagt.

Das Hôtel d'Evreux, Anfang des 17. Jahrhunderts,
der heutige Elyséeepalast und offizieller Sitz des Präsidenten
der französischen Republik.

*Innenansicht der Madeleine-Kirche, Gravur nach Thérond.
Ende des 19. Jh.*

Der Hafen Saint-Paul im 17. Jh. nach einer Gravur des 19. Jh.

VII

Das 18. Jahrhundert:
Von den Champs-Élysées
zur Mauer der Fermiers Généraux

Zu Beginn des 18. Jahrhundert wurde die Avenue des Champs-Élysées bis zum Rond-Point am Sternplatz verlängert. Der Hügel war abgetragen worden, und von 1770 bis 1776 wurde dann die Avenue bis zur Seine hinunter, bis zur Pont de Neuilly, der vom ersten Ingenieur des Königs, Perronet, erbauten Brücke, verlängert. Perronet war ebenfalls der Architekt der Pont de la Concorde, die auf den damals Place Louis-XV genannten Platz zuführte. Nachdem man zwischen verschiedenen Standorten gezögert hatte, war das Standbild von Louis XV auf diesem Platz aufgestellt worden. 1757 wurde beschlossen, die Rue Royale anzulegen und eine neue Kirche für das Viertel Ville-

43

*Die Kirche Sainte-Geneviève, heute Panthéon. Gravur nach Thérond,
Ende des 19. Jh.*

l'Évêque zu errichten, die der Heiligen Sainte-Madeleine bestimmt war, und erst 1842 geweiht wurde, da sich die Bauvorhaben häuften.

Aus der Zeit von Louis XV stammt auch die Ecole militaire und die Kirche Sainte-Geneviève, das spätere Panthéon. Erstere wurde nach Bauplänen von Jacques Ange Gabriel erbaut. Das dem Champ-de-Mars gegenüberliegende Gebäude wurde 1773 errichtet. Die Avenue de Saxe wurde 1787 genau in der Achse der École militaire angelegt. Nachdem die Pläne von Ludwig XV 1757 bewilligt worden waren, wurde von Soufflot die Kirche Sainte-Geneviève auf einem Platz errichtet, auf dem ebenfalls die Hochschulen für Recht und Theologie untergebracht wurden. (1771-1774). Später (1844-1850) wurde an derselben Stelle das Rathaus des 5. Bezirks gebaut. Die Straße mit dem Namen Soufflot wurde 1760 angelegt. Ganz besonders charakteristisch für die Städteplanung dieser Epoche ist der Sinn für den freien Raum, der viele Bauten erst richtig zur Geltung brachte.

Im Osten von Paris ist das Maraisviertel inzwischen zu einem einfachen Viertel geworden, und schließt sich enger an die Vororte, wo die Handwerker das Leben beherrschen, insbesondere die Kunstschreiner. Nicht weit von den Anlegestellen, wird Paris hier mit Holz und anderen Erzeugnissen versorgt, die aus dem Seine- und Yonnebecken stammen. Die Häuser, die sich bisher an die Kolonnade des Louvre anschlossen und eine Trennung zum Faubourg Saint-Germain bildeten, wurden abgerissen. Der Place de Grève und der freie Raum vor dem Palais-Royal wurden vergrößert. Die auf den Brücken errichteten Häuser verschwanden. Auf der linken Seine-Seite wurde der Platz du Petit Pont auf dem ehemaligen Petit-Châtelet eingerichtet. Auch der Odéon-Platz, halbkreisförmig mit strahlenförmig auf ihn zulaufenden Straßen stammt aus derselben Zeit. Im Norden der Stadt wurde die Grundstückzerstückelung weiter fortgesetzt, sie erklärt sich aus den Geldschwierigkeiten des Mathuriner- und Kapuzinerordens. Es wurde schick eine sogenannte « Folie » zu besitzen, von englisch-chinesisch angehauchten Gärten umgebene Villen.

Die zweite Hälfte des 18. Jahrhunderts ist schließlich gekennzeichnet durch ein starkes Bedürfnis nach Hygiene und öffentlicher Ordnung, hier findet das Jahrhundert der Aufklärung insbesondere mit seinen Wortführern Voltaire und Sébastien Mercier seinen Niederschlag. Zwischen 1767 und 1784 entstanden die Krankenhäuser Saint-Antoine, Cochin und Beaujon innerhalb der christlichen Gemeinschaften. Im Gegensatz dazu hatte das Jahrhundert von Louis XIV nur für invalide Soldaten und Obdachlose gesorgt, die im Hôpital Général de la Salpétrière untergebracht wurden, das ab 1660 entstand. Parallel dazu baute man aus hygienischen Gründen Markthallen, im Maraisviertel den Marché Sainte-Catherine, den Marché d'Aligre im Faubourg Saint-Antoine, die Halle-aux-veaux (Kälberhalle), den Marché d'Aguesseau, und schließlich die Halle-au-blé (Getreidehalle), (heute die Bourse de Commerce / Warenbörse) deren prächtige Kuppel noch heute die Rue du Louvre überragt.

1780 beschloß die Verwaltung auf alle Waren, die nach Paris eingeführt wurden, eine Abgabe zu erheben. Um Verstöße zu vermeiden, wurde von der Stadt eine vier bis fünf Meter hohe und 25 km lange Mauer gebaut, die Mauer der « Fermiers Généraux », die mit der Einziehung der Abgabe betraut wurden. Außerhalb der Mauer verliefen Boulevards, die noch heute bestehen und dem Verlauf der U-Bahnlinien 2 und 6 entsprachen. Auf der anderen Seite dieser Boulevards wurde Wein verkauft und zum Tanz aufgespielt, denn der Wein war unverzollt billiger. Dem Architekten Ledoux wurde der Bau der Zolleinnahmestellen an den 56 Toren anvertraut. Einige Beispiele dieser Bauwerke sind noch heute sichtbar: am Place de la Nation, Denfert-Rochereau und an der Villette – dort steht die Rotonde der ehemaligen Zollbarrière Saint-Martin.

Die Kuppel der « Halle-au-blé », Ende des 18. Jh. Heute: Warenbörse.

*Der Triumphbogen am Etoile-Platz. Gravur nach Trichon
nach Thérond, Ende des 19. Jh.*

Das Observatorium von Paris, Gravur von Trichon nach Thérond, Ende des 19. Jh.

VIII

Das Konsulat, das Empire und die Entstehung der Infrastrukturen: Brücken, Schlachthallen, Friedhöfe, Passagen...

Dann kam die Revolution. Ihre erste Handlung bestand darin zwei « Gefängnisse » zu zerstören, die Bastille, Symbol der Willkürherrschaft und die Zollmauer der « fermiers généraux », Symbol einer verhaßten Abgabe. Für Bauvorhaben hatte die Revolution keine Zeit, sie hatte andere Sorgen. Nur auf dem Papier

Pont des Arts, nach einer Gravur Ende des 19. Jh.

in Gestalt des « Plans der Künstler », der utopischen Vorschläge einiger Architekten, leistete sie einen architektonischen Beitrag. Dem Konsulat dagegen verdankt Paris eine Erneuerung, die Einrichtung von vor Unwetter geschützten Straßen, den « Passagen »: als erste entstand 1799 die Passage du Caire.

Das Premier Empire prägte Paris und führte die Bauwerke der absolutistischen Monarchie weiter. Es begann die Freilegung des Platzes vor Notre-Dame, die von Haussmann fortgesetzt wurde. Die Anlegung der Rue de Rivoli, und der Avenue de l'Observatoire wurde 1844 vollendet. Außerdem wurde vom Architekten Brongniart mit dem Bau der Börse begonnen. Weiter wurden 1806 die Bauarbeiten für den Triumphbogen und für den Place de l'Étoile nach Bauplänen der Architekten Chalgrin, Percier und Fontaine in Angriff genommen.

Die Hauptsorge des Premier Empire galt den Infrastrukturen, insbesondere den Uferanlagen und Brücken: der Brücke Saint-Louis als Verbindung zwischen der Cité-Insel und der Saint-Louis-Insel, der Brücke des Quatres-Nations (heute bekannt als

Pont des Arts), den Brücken Austerlitz und Jena. In derselben Zeit wurde auch der zum Bassin de la Villette hinführende Canal de l'Ourcq eröfffnet (1808). Unter anderen Bereicherungen verdienen die Schlachthallen du Roulé, de Rochechouart, Ménilmontant, Grenelle und Villejuif Erwähnung, die allerdings alle 1867 nach der Einrichtung der zentralen Schlachthöfe der La Villette wieder abgerissen wurden. Ebenfalls dem Empire ist die Entstehung des Friedhofs Père-Lachaise jenseits der Boulevards zu verdanken. Der Friedhof von Montmartre war 1798 eröffnet worden, der von Montparnasse entstand 1824. Nach dem Ende der Herrschaft von Louis XVI waren die auf dem Stadtgebiet liegenden Friedhöfe aus Furcht vor Krankheitserregern und Epidemien geschlossen worden und die sterblichen Überreste wurden in einen stillgelegten Steinbruch, der vom Place Denfert-Rochereau aus zugänglich war, verlegt. Nach Schließung dieser alten Friedhöfe und vor Eröffnung der neuen wurden die Toten in den Friedhöfen der nächstliegenden Vororte beerdigt.

Die Schlachthöfe von la Villette Ende des 19. Jh.

So manche Bauvorhaben des Empire blieben als Pläne in den Schubladen, wie zum Beispiel der zwischen der Esplanade der Invaliden und der Grenelleebene geplante Bau eines Archiv-, Universitäts- und Zollpalastes, sowie ein auf dem Chaillot-Hügel vorgesehener Palast des Königs von Rom.

Die Choiseul-Passage, die 1825 eröffnet wurde.
nach einer Gravur des 19. Jh.

Die Kirche Saint-Vincent-de-Paul, Gravur von Trichon, nach Lancelot, Ende des 19. Jh.

IX

Von der Restauration zum Zweiten Empire: Chabrol und Rambuteau

Die Restauration unter Präfekt Chabrol und die Juli-monarchie unter Rambuteau kennzeichneten sich durch neue Parzellierungen und Grundstückspekulation. Auf dem Grundstück von Saint-Lazare schoß 1824-1844 das neue Poissonière-Viertel und die Kirche Saint-Vincent-de-Paul in der

Achse der Rue d'Hauteville in die Höhe. Im Westen wurde auf den ehemaligen Gärten der « Folie Beaujon » um die Rue Lord Byron und Rue Chateaubriand eine Wohnsiedlung englischen Charakters angelegt. Im Nordwesten entwickelten sich 1823-1836 die Viertel « La Nouvelle Athènes » und Saint-Georges dem die Kirche Notre-Dame-de-Lorette beigesellt wurde. Außerhalb der Stadtmauern entstanden ab 1825 zwei Wohnsiedlungen: Batignolles im Nordwesten, Beaugrenelle im Südwesten, zu jedem Viertel gehörte eine Kirche, ein Markt und ... ein Theater.

In Paris selbst wurden die unter dem Konsulat « erfundenen » überdeckten Passagen zwischen 1820 und 1830 immer zahlreicher, im wesentlichen südlich der großen Boulevards: Vivienne, Choiseul, Colbert, Véro-Dodat, Sainte-Anne...

Die Befestigung der Seineufer ging 1836 mit dem Quai Montebello und 1843 nach der Eingliederung der Louviers-Insel zum rechten Seineufer mit dem Quai Henri IV zu Ende. Neue Brücken überspannten die Seine: Der Pont d'Arcole 1828, der 1856 wieder aufgebaut wurde, die Invalidenbrücke 1826, die zweimal wiederaufgebaut werden mußte, einmal 1856 und

Das Theater der Gemeinde von Grenelle 1828.

Bauarbeiten am Saint-Martin Kanal, Beginn des 19. Jh.
Gravur nach Thorigny.

Die Gare du Nord vom Architekten Jacques-Ignace Hittorff.

1878, der Pont du Carrousel, 1833, die Brücke wurde 1938-1941 erneuert, schließlich die Louis-Philippe Brücke, die 1833 erbaut und 1860 erneuert wurde. Zur Verlängerung des Canal de l'Ourcq wurde zwischen 1821 und 1825 der Canal Saint-Martin ausgehoben.

Die Besetzung der Stadt Paris 1815 durch die gegen Napoleon verbündeten Truppen hat Paris stark geprägt. Um einen neuen Überfall zu verhindern, beschloß die Volkskammer auf Initiative des Präsidenten Thiers, Paris durch eine Befestigungsanlage zu schützen. 1860 annektierte die Stadt das Gebiet zwischen den ehemaligen Mauern der Fermiers Généraux und den ehemaligen Befestigungsanlagen. Das nunmehr in 20 Bezirke aufgeteilte Paris vergrößerte sich flächenmäßig von 3 288 auf 7 088 ha, ohne die Waldgebiete Vincennes und Boulogne. In derselben Zeit entwickelte sich das Eisenbahnwesen mit allem, was dazu gehört: mit seinen Bahnhöfen, die alle zwischen 1837 (der Verschiffungshafen Saint-Lazare) und 1852 (Gare de Lyon) gebaut wurden. Alle Bahnhöfe wurden seither vergrößert und zwei wurden neu aufgebaut: der Gare de Lyon 1895 und Montparnasse ab 1961.

Die ehemalige Gare Montparnasse 1852.

*Die große Ehrentreppe der Oper von Charles Garnier.
Gravur nach Thérond, Ende des 19. Jh.*

Das Hôtel-Dieu, Gravur von Cauchard nach H. Clerget. Ende des 19. Jh.

X

Eingemeindungen und die großen Bauarbeiten des Baron Haussmann

Der bürgerlichen Monarchie folgte das Zweite Empire und nach Rambuteau wurde Paris von Baron Haussmann, ab 1853 Präfekt der Stadt, verwaltet. Dessen umfassendes, oft umstrittenes Werk zwingt dem Betrachter nichtsdestoweniger Bewunderung ab. Zwar spiegeln die Bauwerke unter Haussmann die Furcht vor Revolutionen wider und bewirken eine Verbürgerlichung der Stadt, aber durch sie wurde die Stadt auch mobiler, was ihre Entwicklung begünstigt hat. Die unter seiner

Verwaltung neuangelegten Straßenzüge zeugen von einheitlicher Architektur. Alle Straßen wurden von großen Wohngebäuden umsäumt, die vom zweiten zum fünften Stock mit Balkonen versehen waren. Dieses Grundmuster entwickelte sich noch weiter, ab 1882 wurden Vorsprünge an der Fassade, und zusätzliche, allerdings nach hinten versetzt, aufgebaute Stockwerke, zugelassen. Gewiß sind so ganze Teile des alten Paris verschwunden, insbesondere auf der Cité-Insel, auf dem nunmehr der renovierte Justizpalast, das wiederaufgebaute Krankenhaus Hôtel-Dieu, das Handelsgericht und die Polizeipräfektur stehen.

Unter diesen Vorbehalten verdienen die großen Bauwerke Haussmann'scher Epoche anerkennende Erwähnung: der Bau der « Halles » von Baltard, die Gestaltung der Place du Châtelet mit ihren beiden Theatern, die durch den Architekten Hittorff errichteten Hôtels Particuliers an der Place de l'Étoile, die Ausgestaltung des Rond-Point und der Gartenanlagen der Champs-Élysees, der Bau fast aller Rathäuser der verschiedenen

Innenansicht der zentralen Markthallen von Baltard. Gravur nach Thiollet, Ende des 19. Jh.

Die « Grande Avenue » der Champs-Élysées. Gravur von Bertrand nach Thérond. Ende des 19. Jh.

Bezirke, der Bau der neuen Oper von Garnier, die Gestaltung der Place du Château-d'Eau, die heutige Place de la République, und schließlich die Place du Trocadéro. Zwei hervorragende Ingenieure, Alphand und Belgrand, standen Haussmann zur Seite. Alphand hatte die angenehmere Aufgabe, indem er die Parkanlagen Montsouris und Buttes-Chaumont, die Planung der Bois de Boulogne und Vincennes, sowie des Parks Monceau schuf. Dem zweiten verdankt Paris die Erweiterung des Abwassersystems, dessen Umfang von 1855 bis 1878 aufs Fünffache stieg und eine wesentliche Erhöhung der Frischwasserzufuhr.

Durch die Eingliederung von Randgemeinden im Jahre 1860 verschwand allmählich jegliche Spur von Landwirtschaft, die vorher noch in Grenelle mit seinen Getreidefeldern, in Vaugirard mit Kuhweiden, und im Osten mit Weinbergen und Obstgärten zu finden war. Die Steinbrüche von Belleville, Montmartre und Vaugirard mußten aufgefüllt werden, um das Gelände bebaubar

Der große Wasserfall im Bois de Boulogne. Gravur nach Richner, Ende des 19. Jh.

zu machen. Außerhalb der Dörfer und kleinen Gemeinden waren Anlagen städtischen Charakters zu jener Zeit noch selten: die Place Victor Hugo mit ihren sternförmig zulaufenden Straßen, die Place de la Réunion in Charonne, schließlich die bereits erwähnten Beaugrenelle und Batignolles waren Beispiele dafür. Industrie und Handel hatten sich bereits in der Nähe der Hafenanlagen der Villette, in Bercy, in Grenelle, und bei La Gare entwickelt, dessen Name noch an einen an der Seine, nicht unweit vom heutigen Austerlitz-Bahnhof geplanten Hafen erinnert. Das Vorhaben war 1764 in Angriff genommen worden und wurde rasch wieder aufgegeben.

Quai de Javel Ende des 19. Jh.

Der Eiffelturm, errichtet für die Weltausstellung von 1889.

Vorderansicht der Pont Alexandre III, mit Grand und Petit Palais, errichtet für die Weltausstellung 1900.

XI

Die Weltausstellungen, die Metro und der soziale Wohnungsbau.

Nachdem die Wunden der Kommune wieder geheilt waren – die Kirche Sacré-Cœur, die ab 1876 gebaut und 1919 eingeweiht wurde, ist eines der Gebäude, mit dem Abbitte geleistet wurde, – entwickelte sich die Stadt Paris vor allem in westlicher Richtung: am Boulevard Malesherbes beim Park Monceau, in Chaillot und in Passy, wo im 19. Jahrhundert eine Art ländlicher Wohngegend in Form von Dörfern und Villenvierteln entstand, aber auch an den Champs-Élysées, um den Invalidendom und das Marsfeld.

Das Riesenrad der Weltausstellung 1900.

Die aufeinanderfolgenden Industrie- und Weltausstellungen von 1855, 1867, und 1887 haben keinerlei Spuren hinterlassen, aber die Weltausstellungen von 1889 und 1900 waren Anlaß zur Errichtung großartiger Prestigebauten, von denen uns einige erhalten blieben. Der Weltausstellung vom Jahre 1889 verdankt die Nachwelt den Eiffelturm, der vom Jahre 1900 den Grand und den Petit Palais. Aber auch die Brücke Pont Alexandre-III und die 1986 zum Museum umgestaltete Gare d'Orsay, wurden bei dieser Gelegenheit eröffnet. Der erste Palais du Trocadero, der für die Ausstellung von 1878 erbaut worden war, wurde für die Ausstellung von 1937 wieder neu erbaut und erhielt den Namen Palais du Chaillot. Das im östlichen Stadtteil liegende Museum afrikanischer und ozeanischer Kunst ist ein Überrest der Kolonialausstellung von 1931. 1899 wurden die ersten

Der ehemalige Palais du Trocadero für die Weltausstellung 1878.

Bauarbeiten für die Metropolitain unternommen. Die erste Linie von der Porte de Vincennes zur Place de l'Étoile war zur Weltausstellung 1900 nicht fertig, wurde aber einige Monate später, am 19. Juli, eröffnet.

Der zu Beginn des Jahrhunderts zum Stillstand gekommene Bau von Wohngebäuden wurde gegen 1910 wieder aufgenommen. In den vier Jahren vor dem ersten Weltkrieg baute man jährlich 1 500 Wohngebäude, was 12 000 Wohnungen entspricht. In dieser Zeit entstanden auch Wohnsiedlungen mit zweistöckigen Häusern und kleinem Garten, wie an der Poterne des Peupliers oder um die Porte de Bagnolet.

Die Befestigungsanlage von Thiers mit ihrem rasenbedeckten Hügel haben sich in Spazier- und Spielanlagen verwandelt, darüber hinaus entwickelte sich das 350 Meter tiefer liegende, unbebaubare Gebiet schlicht zur « Zone », die sich mit von kleinen Gärtchen umgebenen Bretterhütten und Wohnwagen anfüllte und wo zehntausende von « Zonards » wohnten. 1919 kaufte die Stadt dieses Land, ein Viertel des Grundstücks sollte

Hochwasser der Seine im Januar 1910.

LA CRUE DE LA SEINE
PARIS - Le Passage du boulanger rue de Lourmel

Die Fondation Deutsch de la Meurthe der Cité Universitaire. 1923.

für den Bau von billigen Mietwohnungen dienen, und die restlichen drei Viertel als öffentliche Spazier- und Freizeitanlagen ausgestaltet werden. Von 1920 bis 1936 baute das Pariser Amt für sozialen Wohnungsbau fast 20 000 Wohnungen. Diese Baupolitik entwickelt sich ebenfalls in den Randbezirken der Stadt, wo durch die Abwanderung von Fabriken ins Vorortgebiet Bauland freiwurde. Alle Projekte wurden nach demselben Muster gebaut: Die Wohngebäude gruppierten sich um einen Platz oder Hof mit Grünanlagen. 1923, zur selben Zeit, begannen die Bauarbeiten der Studentenheime der « Cité Universitaire », im Auftrag der Stiftung Deutsch de la Meurthe.

*Seit 1889 steht als Galionsfigur der Ile des Cygnes die Freiheit, die
Welt erleuchtend, genau der Perspektive 'Front de Seine' gegenüber.
Sie ist eine Kopie der berühmten Statue von Bartholdi, die den
New-Yorker Hafen überragt. Diese Kopie ist eine Schenkung
der amerikanischen Behörden an die Stadt Paris.*

Sicht auf « Front de Seine ».

XII

« Konzertierte Stadtplanung » und die großen Bauten der französichen Präsidenten

Nachdem sie seit der Kommune direkt dem Staat unterstellt war, fand die Stadt Paris nach dem zweiten Weltkrieg ihre Autonomie wieder. Die Stadt entwickelt eine Politik großer Bauprojekte im Rahmen der sogenannten « konzertierten Stadtplanung ». Zahlreiche Projekte wurden verwirklicht, allerdings mit unterschiedlichem Erfolg. So zum Beispiel haben die beiden nebeneinander liegenden Gebiete « Les Amandiers » und das ehemalige

Dorf Charonne nichts miteinander gemeinsam. Das erstgenannte Vorstadtgebiet wirkt häßlich und erinnert an ein Gefängnis, im zweiten ist eine geschichtsgetreue Neugestaltung gelungen. Die 1970 im Nordosten angelegte ZAC (Zone aménagement concertée) ist ein Desaster, während sie im südwestlichen Teil (1985-1988) im wesentlichen gelungen scheint. Gleichermaßen kann auch die 1980-1986 erbaute ZAC Baudricourt im 13. Bezirk zwischen den Avenuen Ivry und Choisy, im Vergleich zu den direkt danebenliegenden Hochhäusern von Chinatown als ziemlich ansprechend betrachtet werden.

Gleichzeitig mit den mehr oder weniger erfolgreichen Bauten der ZAC durch die Stadt entwickelt sich das Pariser Stadtgebiet in den Vororten unaufhörlich weiter. Dadurch erhöht sich die Zahl der Pendler zwischen Vorort und Paris ganz beträchtlich. Um dieser Entwicklung Herr zu werden, verlängerte die R.A.T.P. bestimmte Linien, um den Südosten, von Charenton-Écoles nach Créteil (1970-1974), den Norden nach Saint-Denis, Asnières und Gennevilliers (1976-1980), aber auch den Nordosten nach Aubervilliers (1979), Bobigny (1985), nach La Courneuve (1987), den Süden nach Le Kremlin-Bicêtre (1982) und Villejuif (1985), und schließlich den Westen nach La Défense (1992) mit besseren Verbindungen zu versorgen. Gleichzeitig wurde ab 1969 das Netz der Vorstadtbahnen (R.E.R.) mit seinen vier untereinander verknüpften Linien ausgebaut. Es umfaßt heute etwa 110 Kilometer, von Orly-la-Ville im Norden bis Saint-Martin d'Étampes im Süden, von Saint-Quentin en Yvelines im Westen bis Marne la Vallée im Osten.

Zu den großen Bauvorhaben, die seit den fünfziger Jahren die Pariser Stadtlandschaft prägen und verwirklicht wurden, zählen das Unesco-Gebäude, (1955-1958) der erste Nachkriegsbau vergleichbaren Ausmaßes, die Maison de la Radio (1952-1963), das große Stadion, der Parc-des-Princes (1972) oder noch der Kongresspalast an der Porte Maillot (1971-1974). Das ab 1968 erbaute « Front de Seine » -Viertel spiegelt die Architektur der siebziger Jahre wider. Trotz aller Grünflächen und mitgeplanter Kunstwerke herrscht hier ein mineralischer Aspekt vor.

Eingang zu den ehemaligen Schlachthöfen von Vaugirard. Die zwei Bronze-stiere des Bildhauers Auguste Cain (1878) sind am Eingang des Georges-Brassens-Parkes wieder aufgestellt worden, um an das früher hier ausgeübte Gewerbe zu erinnern.

Weitere große, allein dem Willen des jeweiligen französischen Präsidenten zuzuschreibende kulturelle Vorhaben verdienen noch Erwähnung: 1977 das Centre Georges-Pompidou, 1986 die Umwandlung der Gare d'Orsay in ein Museum, ebenfalls 1986 die Eröffnung der « Cité des Sciences et de l'Industrie » in La Villette, 1987 das Institut du Monde Arabe, 1989 die neue Oper Bastille, 1993 der Große Louvre, und die Neue National-bibliothek Frankreichs. Seit 1975 entstehen erfreulicherweise neue Grünanlagen: 1977 der Square de la Roquette, 1985 der Georges-Brassens Park, 1988 der Park von Belleville, 1988 die Gartenanlagen der « Halles », 1991 der Park de la Villette, 1992 der Park André Citroën, und schließlich 1993 im Osten der Stadt, der Spazierweg von Bastille nach Vincennes.

Schließlich, wenn wir Paris, aber nicht das Flair der Hauptstadt verlassen, erstreckt sich in der schon vom 17. und 18. Jahrhundert inszenierten Perspektive von den Tuilerien über Concorde und Place de l'Etoile das 1958 eröffnete Centre National des Industries et des Techniques, « CNIT », mit seiner auf drei Punkten aufliegenden Betonkuppel, deren Spannweite von 200 Metern eine architektonische Glanzleistung darstellt, sowie seit 1989 die Grande Arche, eines der schönsten Bauwerke dieses « anderen Paris », das unsere Bewunderung verdient.

Die ehemaligen Weinlager von Bercy.

XIII

Paris zu Beginn des 21. Jahrhunderts

Im Osten von Paris reifen die Bauvorhaben des 21. Jahrhunderts. Eines der Hauptwerke ist, auf dem linken Seineufer, das grandiose Unterfangen des Architekten Dominique Perrault, die neue Bibliothèque Nationale de France. Eine Fußgängerbrücke über die Seine wird sie mit den zwölf ha Grünanlagen des Parc de Bercy verbinden, der in einem neuen Viertel angelegt ist, das dem internationalen Nahrungs-und Weinhandel bestimmt ist. Zwei Reihen uralter Fässer des alten Weinmarktes, die unter Denkmalschutz stehen, werden dort an die Tradition dieses alten Gewerbes erinnern.

Der Verkehr bleibt ein Hauptproblem der Metropole. Auch auf diesem Gebiet hat man zur Lösung der Probleme große Pläne. Zwischen Quai d'Austerlitz und Quai de la Rapée soll eine neue Brücke, der Pont Charles de Gaulle, die Seine überspannen. Gleichzeitig wird die Verbindung zwischen den Bahnhöfen Austerlitz und Gare de Lyon modernisiert. Ein völlig neues hektometrisches Transportsystem « Sk », hinter dessen barbarischer Abkürzung sich lediglich die Initialen der beiden Erfinder Soulé und Kermadec verstecken, soll über diese Brücke führen und den Reisenden dieser beiden Bahnhöfe erlauben, in eineinhalb Minuten umzusteigen.

Diese automatisierte Super-Mini-Métro, ist nichts gegen die neue Metro-Ost-West-Schnellverbindung, besser bekannt unter der Bezeichnung « Meteor ». Durch sie wird das Viertel um Tolbiac mit der Gare Saint-Lazare verbunden, später ist eine Erweiterung bis Genevilliers einerseits und bis zur Cité Universitaire andererseits geplant.

Was Bahnhöfe betrifft, so hat man vor, den Austerlitz-Bahnhof, so wie es schon auf dem Bahnhof Montparnasse geschehen ist, mit einer Rasenfläche zu bedecken.

Auch im Westen wird sich das geschichtsträchtige Paris weiter verschönern. Von den neu ausgestalteten Tuileriengärten aus wird der Spaziergänger, über die renovierten, den Fußgängern erneut, zumindest teilweise, zugänglich gewordenen Champs-Élysées, und wie schon gehabt, jener berühmten historischen Perspektive folgend, bis zum Fuß jenes « Turms ohne Ende » gelangen können, dessen Name allein für eine unvorstellbare Zukunft vor uns steht.

Chronologischer Abriß

52 vor Christus - Die Parisii unter ihrem Anführer Camulogenus werden von Labienus, einem Legaten Cäsars geschlagen

Ende 1.-Beginn 2. Jahrhundert - Bau des Amphitheaters von Lutetia, Überreste in den « Arènes »

Ende 2.-Beginn 3. Jahrhundert - Thermen von Cluny, eines der drei öffentlichen Bäder von Lutetia erhalten

um 250 - Märtyrertod des Heiligen St. Denis, erster Bischof von Paris

Ende des 3. Jahrhunderts - Invasionen der Barbaren; die Bewohner flüchten sich auf die Cité-Insel, die sie mit einer Befestigungsmauer umgeben

360 - In Lutetia, wo er sich im Cité-Palast aufhält, läßt Julian sich zum Kaiser proklamieren

451 - Invasion der Hunnen; Verteidigung der Stadt durch St. Geneviève

508 - Chlodwig macht Paris zu seinem Königssitz

511 - Tod Chlodwigs; er läßt sich in der Basilika der Heiligen Apostelkirche (später St. Geneviève), die er mit seiner Gattin Clotide begründete, neben St. Geneviève begraben

von 511 bis 558 Childebert läßt auf der Cité-Insel die Kathedrale St. Étienne erbauen, deren Umriß bei Ausgrabungen des Vorplatzes von Notre Dame entdeckt wurde

543 - Childebert begründet die Abtei Saint-Germain-des-Prés, deren Kirche 558 geweiht wurde

845-869 - Invasionswelle der Normannen

885-886 - Belagerung der Stadt Paris durch die Normannen; Widerstand unter Graf Eudes und Bischof Gozlin; Konsolidierung der Befestigungsanlage

887 und 889 - Erneute Überfälle der Normannen

987 - Wahl des Hugues Capet; Paris wird Hauptstadt des Königreiches

um 1115 - Bau der Châtelet-Festung durch Louis VI (Ludwig der Dicke)

1133 - Louis VI und seine Frau Adélaïde von Savoyen begründen die Abtei von Montmartre

um 1140 - Der Templerorden läßt sich in Paris nieder

1147 - Weihung der Kirche St. Pierre von Montmartre

1163 - Beginn der Bauarbeiten von Notre-Dame

1183 - Bau der ersten Marktgebäude von Champeaux; die ersten Markthallen

1190 - Bau der Befestigungsmauer durch Philippe-Auguste und Entstehung des ersten Louvre, der am westlichen Ende ein Bollwerk bildet; die Bauarbeiten der Festungsmauer werden auf dem linken Seineufer bis 1210 weitergeführt

1215 - Erste Universitätsstatuten; Autonomie der Universität 1231

1246-1248 - St. Louis läßt die Sainte Chapelle errichten

1257 - Robert de Sorbon gründet sein Kollegium: die Sorbonne

1263 - Entstehung des Pariser Stadtrats, der aus der Kaufmannsgemeinschaft der Schiffahrtshändler hervorging, die im 12. Jahrhundert geschaffen wurde.

1314 - Die Templer wurden zum Scheiterhaufen verurteilt und ihr Besitz konfisziert

1337 - Beginn des Hundertjährigen Krieges

1348 - Pestepidemie

1356 - Beginn der Befestigungsarbeiten unter Charles V., die gegen 1383 beendet wurden

1356-1358 - Aufstand unter Etienne Marcel

1361-1365 - Charles V läßt das Hôtel Saint-Pol erbauen und zieht den Aufenthalt im bequemeren Hôtel dem Louvre vor

1388 - Bau des Hôtel des Tournelles, königliche Residenz ab 1437; es wurde in der zweiten Hälfte des 16. Jh. zerstört; an seiner Stelle entsteht die Place des Vosges

1429 - Jeanne d'Arc versucht in die von Engländern besetzte Stadt Paris einzudringen

1437 - Triumphaler Einzug Charles VII in Paris

1453 - Ende des Hundertjährigen Kriges

um 1460 - Der Färber Jean Gobelin läßt sich im Vorort « Faubourg » Saint-Marcel nieder

1471 - Erlaß des Louis XI: Er erlaubt den Zünften freie Ausübung ihres Gewerbe auf dem Gebiet der Abtei Saint-Antoine (gegründet zu Beginn des 13. Jh.)

1521 - Die Sorbonne verurteilt Luthers Thesen

1532 - Grundsteinlegung der Kirche St. Eustache

1533 - Beginn der Bauarbeiten des Hôtel de Ville durch Boccador

1534 - Am 15. August Gründung der Gesellschaft Jesu durch Ignaz von Loyola und seinen Gefährten in der Märtyrerkapelle von Montmartre

1546 - Beginn des Wiederaufbau des Louvre unter François Ier

1562 - Beginn der Religionskriege; Paris zieht sich hinter die « Gelben Gräben » zurück, die bis ins erste Drittel des 17. Jahrhunderts ausgebaut werden

1564-1570 - Catherine de Médicis läßt von Philibert de l'Orme den Tuilerienpalast erbauen

1572 - Die blutige Bartholomäusnacht

1594 - Henri IV schwört dem protestantischen Glauben ab und zieht in Paris ein

1598 - Das Edikt von Nantes und das Ende der Religionskriege

1605 - Claude Chastillon entwirft die Pläne der Place Royale, die 1612 eröffnet wird (die spätere « Place des Vosges »)

1606 - Ende der 1578 begonnenen Bauarbeiten an der Pont-Neuf

1607 - Bau der Place Dauphine

1614 - Vereinigung der Inseln Notre-Dame und der "Ile-aux-Vaches" zur heutigen Saint-Louis Insel

um 1615 - Beginn der Bauarbeiten am Luxemburg-Palast unter dem Architekten Salomon de Brosse im Auftrag von Marie de Médicis

1622 - Aus der Bischofsstadt Paris wird ein Erzbistum

1624-1636 - Richelieu läßt sich einen Palast errichten, den er 1642 an Louis XIII vermacht: der spätere Palais-Poyal

1635 - Beginn der Bauarbeiten der Sorbonne-Kapelle unter Lemercier

1641 - Mazarin läßt sich in den Gebäuden nieder, aus denen später, nach vielen Veränderungen, die Nationalbibliothek wird

1645 - Grundsteinlegung des Val-de-Grâce, begründet von Anne d'Autriche; Ende der Bauarbeiten um 1667

1656 - Louis XIV erbaut das Hôpital-Général für Arme und Obdachlose, die in Bicêtre, in der Pitié und in der Salpêtrière ärztlich behandelt werden

1659 - Vollendung des quadratischen Innenhofs des Louvre unter Bauleitung von Le Vau

1663-1684 - Le Vau baut das Collège des Quatre-Nations, das heutige Institut de France

1667-1670 - Bau der Kolonnaden des Louvre durch Claude Perrault

1668 - Le Nôtre gestaltet die Gärten und die Perspektive der Champs-Élysées

1670 - Die alte Festungsmauer wird in eine von zwei Baumreihen umfaßten Promenade umgewandelt: unsere heutigen « grands boulevards », die auf dem linken Seineufer den « boulevards du midi » von 1704-1720 entsprechen

1671 - Libéral Bruant erbaut das Hôtel royal des Invalides; der Bau der Domkirche beginnt 1679

1672-1674 - Bau der Tore Saint-Denis und Saint-Martin

1677 - Der König erwählt Versailles zu seiner Residenz

1684-1686 - Ausbau der Place des Victoires

1686 - Beginn der Bauarbeiten zur Place Vendôme; Ende der Bauarbeiten erst 1724

1718-1720 - Bau des Hôtel d'Evreux, der heutige Elysée-Palast

1722-1728 - Bau des Palais Bourbon, heutige Nationalversammlung

1752 bis 1773 - Bau der Ecole militaire durch den Architekten Gabriel

1757 - Beginn der Bauarbeiten der Sainte-Geneviève Kirche (das Panthéon) durch Soufflot

1763 - Grundsteinlegung zur Madeleine-Kirche; sie wird erst 1842 geweiht

1780 - Bau der Mauer der *fermiers généraux* (Generalpächter der Steuereinnahmen) zur Erhebung einer Zollgebühr auf jede für Paris bestimmte Ware,

1789 - Französische Revolution; Sturm auf die Bastille am 14. Juli

1793 - Eröffnung des « musée central des Arts » der Louvre

1799 - Bau der Passage du Caire, erste Pariser Passage

1802 - Anlegung der Rue de Rivoli

1804 - Schaffung des Friedhofs Père-Lachaise

1806 Grundsteinlegung des Triumphbogens (Architekt Chalgrin) Ende der Bauarbeiten: 1832

1808 - Beginn der Bauarbeiten der Börse, Architekt Brongniart, Ende der Bauarbeiten um 1825; Bau des Canal de l'Ourcq und des Villette-Beckens

1809 - Die ersten Weinhändler lassen sich in Bercy nieder

1815 - Besetzung von Paris durch die Koalitionstruppen gegen Napoleon

1821-1825 - Bau des Canal Saint-Martin

1824 - Bau des Südfriedhofs Montparnasse

1830 - Julirevolution die 'Trois Glorieuses' (Der 27., 28., 29. Juli 1830: drei glorreiche Tage)

1832 - Cholera-epidemie: mehr als 18 000 Tote

1841 - Beginn des Baus der Festungsmauer unter Thiers

1848 - Revolution; Der Elyséepalast wird zum offiziellen Wohnsitz des Präsidenten der Republik

1852 - Grundsteinlegung zum neuen Louvre, der eine Verbindung zwischen dem nördlichen 'Cour carrée' und den Tuilerien schafft

1853 - Haussmann wird Präfekt von Paris

1854 - Beginn der Bauarbeiten der « Halles » (Architekt: Baltard)

1855 - Weltausstellung

1860 - Eingemeindung der Vororte die zwischen der ehemaligen Mauer der *fermiers généraux* und der Befestigungsanlage von Thiers liegen: Auteuil, Passy, les Batignolles, Montmartre, La Chapelle, La Villette, Belleville, Charonne, Bercy, Vaugirard, Grenelle; aus den bisher 12 Pariser Bezirken werden 20

1862 - Grundsteinlegung der von Charles Garnier erbauten Oper

1866 Die Stadt Paris erwirbt das Hôtel Carnavalet und bringt dort ein Museum unter

1867 - Eröffnung der zentralen Schlachthallen der La Villette; Weltausstellung

1871 - Pariser Kommune: Abriß des Tuilerienpalastes und des Hôtel de Ville; letzteres wird « identisch » wieder aufgebaut

1875 - Grundsteinlegung zur Sacré-Cœur-Kirche von Montmartre, Weihung erst 1919

1878 - Weltausstellung: Davioud baut den ersten Trocadero-Palast, von dem heute nichts mehr zu sehen ist

1889 - Weltausstellung: Der Eiffelturm

1900 - Weltausstellung: Grand und Petit Palais, Die Pont Alexandre III und der Orsay-Bahnhof; Eröffnung der ersten Metro-Linie von der « Porte de Vincennes » zur « Place de l'Étoile »

1910 - Das Bièvre-Flüßchen, das schon teilweise unterirdisch verlief, wurde nun völlig überbaut

1919-1925 - Abriß der Befestigungsanlagen und Sanierung der « Zone »

1923 - Beginn der Bauarbeiten der Cité universitaire dank der Stiftung Deutsch de la Meurthe; Bau der ersten Ausstellungspavillons des « Parc des expositions »

1925 - Ausstellung dekorativer Künste

1931 - Kolonialausstellung im « Bois de Vincennes »; Museum für afrikanische und ozeanische Kunst

1937 - Weltausstellung, Wiederaufbau des Trocadero-Palastes, unter der Bezeichnung « Palais de Chaillot »;

Bau des Tokio-Palastes; Entstehung des « Palais de la découverte » im « Grand Palais »

1944 - 25. August: Befreiung von Paris

1952-1963 - Bau der « Maison de la Radio »

1955 - Die UNESCO läßt sich Place de Fontenoy nieder

1957-1973 - Bau der Ringschnellstraße um Paris

1958 - Eröffnung des CNIT in der « Défense »

1968 - Beginn der Bauarbeiten des Wolkenkratzer-Viertels « Front de Seine »

1969 - Verlagerung der zentralen Großmarkthallen « Les Halles » nach Rungis

1969-1973 - Bau der « Tour Montparnasse »

1971-1974 - Bau des Kongresspalastes an der Porte Maillot

1977 - Eröffnung des Centre Georges-Pompidou; Wahl des Oberbürgermeisters von Paris

1979 - Eröffnung des « Forum des Halles »

1984 - Eröffnung des Sportpalastes von Paris-Bercy

1986 - Umgestaltung der Gare d'Orsay in ein Museum; Entstehung des Museums für Naturwissenschaften und Industrie « Cité des Sciences et de l'Industrie » in La Villette

1987 - Bau des « Institut du Monde Arabe »

1989 - Eröffnung der neuen Oper « Opéra Bastille »; die « Grande Arche de La Défense »

1993 - Eröffnung des « Grand Louvre »

1995 - Eröffnung der neuen Nationalbibliothek « Bibliothèque Nationale de France »

M.-C. L.

Die wichtigsten Sehenswürdigkeiten

PORTE DE ST-OUEN
PORTE DE CLICHY
BOULEVARD PÉRIPHÉRIQUE
BOULEVARD

BOULEVARD PÉRIPHÉRIQUE

BOULEVARDS EXTÉRIEURS

AV. DE CLICHY
AV. DE SAINT-OUEN

PORTE DES TERNES

AV. PL. DU MARECHAL JUIN
DE
BD
RUE DE
BD

BD PEREIRE
AV. DE WAGRAM
PL. MALESHERBES
VILLIERS
BD DES BATIGNOLLES
ROME
RUE DE

PORTE MAILLOT

AV. DES TERNES
BD COURCELLES
MALESHERBES

AV. DE LA GRANDE-ARMÉE
RUE DU
AV. DE FRIEDLAND
BD HAUSSMANN
RUE TRONCHET
RUE

BOULEVARD PÉRIPHÉRIQUE
EXTÉRIEURS
AV. FOCH
AV. DES CHAMPS-
RIS-ST-HONORÉ

BOULEVARDS
AV. VICTOR-HUGO
AV. KLEBER
MARCEAU
ELYSÉES
AV. MONTAIGNE

AV. GEORGES-MANDEL
PT DE L'ALMA
COURS ALBERT-Ier
COURS LA REINE
QUAI DES TUILERIES
RUE L

AVENUE H.-MARTIN
PL. DU TROCADERO
QUAI BRANLY
QUAI D'ORSAY
AV. BOSQUET

PT DE BIR-HAKEIM
AV. DU PRES.-KENNEDY
CHAMPS-DE-MARS
BD ST-GERMAIN

VERSAILLES
QUAI ANDRÉ-CITROËN
DE GRENELLE
AV. DE LA MOTTE-PICQUET
AV. DE BRETEUIL
BD DES INVALIDES
DE SÈVRES
RUE DE REN

BD GARIBALDI
AV. DE SÈVRES
LUX
DU MONTPARNA
BD RASP

RUE LECOURBE
RUE DE VAUGIRARD
AV. DU MAINE

PÉRIPHÉRIQUE
BOULEVARDS EXTÉRIEURS
BOULEVARD PÉRIPHÉRIC
AL-LECLERC

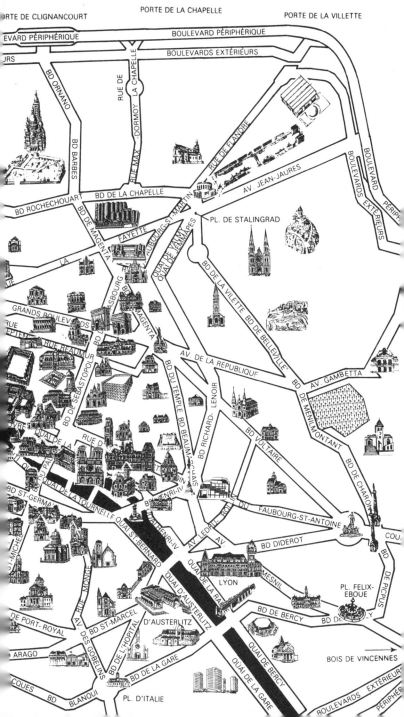

Einige Zahlenangaben zu Paris

Geographische und klimatische Angaben

Paris erstreckt sich mit den 995 ha des « bois de Vincennes » und den 846 ha des « bois de Boulogne » über eine Oberfläche von 10 539 Hektar.

Grenelle liegt 26 m über dem Meeresspiegel, die Metro-Station Télégraphe bei 129 m, der Montmartre bei 128 m, Belleville bei 115 m, der parc Montsouris bei 78 m und der Hügel « montagne Sainte-Geneviève » bei 60 m.

In Paris herrscht gemäßigtes Klima. Die über ein Jahrhundert beobachtete Durchschnittstemperatur beläuft sich auf 11,5 °C. Die durchschnittliche Temperatur beträgt im Winter 4,7°, im Frühling 13,7°, im Sommer 17,7°, im Herbst 7,3°. Die höchste, in Paris-Montsouris gemessene Temperatur wurde im Juli 1947 mit 40,4° gemessen, die tiefste im Dezember 1879 mit – 23,9°.

Damit die Seine zufriert, muß die Temperatur mehrere Tage lang bei minus 9° liegen.

Die jährliche Regenmenge liegt bei 628 mm in 164 Tagen. Die durchschnittliche Zahl der Tage mit Schnee liegt bei 15. Die Sonne scheint durchschnittlich 1814 Stunden (in Paris Montsouris gemessene Durchschnittswerte).

Bevölkerung

Bei der Volkszählung 1990 wurden 2 152 423 Einwohner erfaßt, zu denen 450 000 Personen, teils aus der Provinz mit ständigem Wohnsitz in Paris, teils Ausländer mit ständigem Aufenthalt hinzugezählt werden müssen. Paris weist 1 304 398 Wohnungen auf.

Die Verteilung der Bevölkerung auf die verschiedenen Bezirke sieht wie folgt aus:

I	18 360	VI	47 891	XI	154 165	XVI	169 863
II	20 738	VII	62 939	XII	130 257	XVII	161 935
III	35 102	VIII	40 814	XIII	171 098	XVIII	187 657
IV	32 226	IX	58 019	XIV	136 574	XIX	165 062
V	61 222	X	90 083	XV	223 940	XX	184 478

Von 260 000 Einwohner im Jahre 1553 stieg die Zahl der Pariser auf mehr als 600 000 Einwohner kurz vor der französischen Revolution und Paris war damals die größte Stadt Europas, was die Zahl der Einwohner betrifft. 1841 beträgt die Einwohnerzahl 935 261 und steigt durch die Eingliederung verschiedener Gemeinden und Vororte im Juni 1959 auf die Zahl 1 667 840. Die Volkszählung von 1891 ergibt 2 447 957 Einwohner. Zum Vergleich die aktuelle Zahl der Bewohner des Großraums Paris (région Ile-de-France) 10 736 000 Einwohner.

Stadtverwaltung

Paris ist gleichzeitig eine Gemeinde und ein Département und wird von einem von 163 Pariser Gemeinderäten gewählten Bürgermeister verwaltet. 354 Gemeinderäte der zwanzig Bezirksräte wählen ihrerseits den Bürgermeister ihres Bezirks; 31 Abgeordnete und 12 Senatsmitglieder vertreten weiterhin die Stadt.

Straßennetz

Zu den 5 332 Straßen zählen:

Straßen: 3 279	Sackgassen: 209	Boulevards: 109
Plätze: 374	Villas: 193	Alleen: 56
Avenuen: 317	Squares: 156	Höfe: 50
Passagen: 259	Cités: 111	Quais: 50

Hinzuzählen 169 Wege, Pfade, Kreisel, Kreuzungen, Chausseen, Vorplätze, etc.

36 Brücken und Fußgängerbrücken überqueren die Seine, 6 die Kanäle Saint-Martin, la Villette und Ourcq.

Die längste Straße ist die Rue de Vaugirard mit 4,3 km.
Die kürzeste: Rue des Degrés: 5,75 m.
Die breiteste: Avenue Foch mit einer Breite von 120 m.
Die schmalste: passage de la Duée: 0,60 m.
    und die Rue du Chat-qui-Pêche: 1,57 m.

Das älteste Haus in Paris steht 51, Rue de Montmorency, im 3. Arrondissement aus dem Jahre 1407.

Das kleinste Haus steht 39, Rue du Chateau-d'Eau im 10. Arrondissement: Es hat eine 1,10 m breite Fassade und ist 5 m hoch.

Parks und öffentliche Grünanlagen

Mit 405 Grünanlagen haben sich die Pariser Grünflächen erheblich vergößert. Zur Zeit stehen den Parisern insgesamt 2 85 ha Grünanlagen (von 10 539 ha insgesamt) zur Verfügung. Außerdem stehen in Paris 470 000 Bäume.

Öffentliche Transportmittel

3 Flughäfen, Le Bourget, Orly, und Charles de Gaulle/Roissy mit täglich 10 000 abfliegenden oder landenden Flugzeugen.

Die im Jahre 1900 gegründete Metro verfügt über 15 Linien, das Netz der Vorortbahnen, R.E.R. besteht aus 4 Linien und deckt einen Raum von mehr als 300 km mit 456 Stationen. Dazu kommen im Stadtgebiet 58 Buslinien, die 525 km anfahren.

17 500 Taxis befördern täglich 365 000 Fahrgäste. 6 große Bahnhöfe für Vorort- und Fernverbindungen, davon fallen auf den Fernverkehr 1 300 Züge täglich.

Fremdenverkehr

Jährlich finden in Paris 1 050 nationale und internationale Kongresse statt.

Paris beherbergt zudem 2 850 Hotels, 8 650 Bars und 11 350 Cafés und Restaurants.

Freizeit und Kultur

Museen: 81
Theater u. Café-Theater: 128
Konzertsäle: 48
Jazzkeller: 28
Kinosäle: 342
Kunstgalerien: 350
Diskotheken: 159

Cabarets und Tanzcafés: 95
Music-Halls: 27
Künstl. und kulturelle
   Galerien: 420
Stadtibliotheken: 86
Kirchen u.a. rel. Stätten: 445

Öffentliche Sporteinrichtungen

Sporthallen: 117
Sportsäle: 58
Hallenbäder: 37

Tennisplätze: 175
Stadien: 38
Sportgelände: 72

Monumente und Denkmäler

168 beleuchtete Denkmäler und Springbrunnen

Die Höhe einiger Bauten:

Eiffelturm: 320,75 m • Tour Maine-Montparnasse: 210 m • Invalidendom: 105 m • Panthéon: 83 m • Sacré-Coeur: 80 m • Notre Dame: 69 m • Opéra Palais Garnier: 54 m • Arc de Triomphe de l'Etoile: 49,54 m • Bastille: 47 m • Vendôme-Säule: 45 m • Centre Georges Pompidou: 42 m • Obelisk auf der Place de la Concorde: 27m

M.-C. L.

Bibliographie
die hervorragendsten Nachschlagewerke über Paris
veröffentlicht bei « Editions Hervas »

DICTIONNAIRE DES MONUMENTS DE PARIS

Le premier grand ouvrage encyclopédique contemporain consacré au patrimoine architectural et monumental de Paris. Rédigé par une équipe de 43 spécialistes de Paris. Un ouvrage de référence rassemblant plus de 2 600 monuments civils, militaires, religieux, publics ou privés. Des notices détaillées, claires, exhaustives. Une iconographie exceptionnelle. Un glossaire illustré de plus de 600 termes techniques. Trois index : thématique, topographique, architectes et artistes.

Format 23 x 30 cm, 920 pages, 956 illustrations noir et couleur, superbement relié, sous étui individuel illustré, cartonné et verni. 1 150 F

VIE ET HISTOIRE DES ARRONDISSEMENTS DE PARIS

20 volumes indépendants du 1er au 20e arrondissement formant une magnifique collection.
Histoire - Anecdotes - Célébrités - Curiosités - Monuments - Musées - Promenades - Dictionnaires des rues - Vie pratique - Jardins

Les meilleurs spécialistes de l'Histoire de Paris, historiens, chercheurs, conservateurs, membres de sociétés d'histoire et d'archéologie, critiques d'art, bibliothécaires, associés ici pour la première fois, vous font vivre le passé et le présent de chaque quartier de la capitale à travers une extraordinaire richesse

d'informations, d'événements, d'anecdotes, de faits divers aussi surprenants qu'insolites. Des promenades commentées et détaillées vous feront réellement découvrir Paris. Une iconographie puisée aux meilleures sources : documents rares, gravures, tableaux, dessins, photographies signées des plus grands noms.

Chaque volume : format 20 x 26 cm, 160 pages, environ 150 documents noir et couleur. Reliure cartonnée et vernie avec tranchefiles tête et pied, gardes illustrées. Le volume : 190 F

DICTIONNAIRE DES ÉGLISES DE PARIS

par Georges Brunel, *Conservateur du Service des objets d'art des églises de la Ville*, Marie-Laure Deschamps et Yves Gagneux, *Conservateurs*

Le premier ouvrage de référence consacré à l'art, l'architecture et l'histoire du Paris chrétien. Une introduction historique depuis les premières fondations chrétiennes jusqu'à l'époque contemporaine. Tous les lieux de culte : églises, chapelles, temples, chapelles de congrégations, d'établissements d'enseignement, d'hôpitaux, avec pour chacun d'eux son histoire, son architecture, ses œuvres d'art et son mobilier cultuel.
Riche iconographie : gravures, photographies noir et couleur. Index général complet.

Format 23 x 30 cm, 456 pages, 320 illustrations noir et couleur. Reliure d'art dorée au fer, sous étui individuel illustré, cartonné et verni. 720 F

PARIS
AU FIL DE LA SEINE
par Jean-Marc Léri
photos de Jean-Claude Morin

Somptueux ouvrage montrant
les principaux monuments de
Paris visibles de la Seine :
un étonnant panorama
de l'architecture et de l'histoire
de la ville.
Un chapitre est consacré à l'histoire
des 35 ponts et passerelles
enjambant le fleuve.

Format 24 x 32 cm. 100 pages.
Reliure pleine toile bleue sous jaquette
pelliculée en couleur. Trilingue
Français-Anglais-Allemand. 320 F

LE TOUR DU MONDE
DANS PARIS
par Nicolas de Bélizal

Remarquable outil culturel et
artistique, ce livre de divertissement
fait découvrir Paris à travers un
fantastique voyage imaginaire.
Mais seul le voyage est fiction, car
les 390 photographies qui illustrent
ce Tour du Monde sont des vues
parisiennes tout à fait réelles.

Format 23 x 30 cm. 136 pages
illustrées de 390 photos couleur.
Reliure cartonnée et vernie. 190 F

LA GARDE
RÉPUBLICAINE
par Jean-Pierre Bernier, Préface du
Général Jacques Hérisson,
Major Général de la Gendarmerie

Créée en 1802 par Bonaparte,
intégrée à la Gendarmerie en 1849,
la Garde Républicaine participe
à tous les grands événements de
l'histoire de Paris depuis près de
deux siècles.

Format 26 x 29,5 cm. 152 pages.
165 documents noir et couleur. Reliure
pleine toile avec dorure à chaud et
incrustation d'une vignette couleur,
sous jaquette transparente. 290 F

LES CARIATIDES
DE PARIS
par Jacqueline Nebout
Préface de Jacques Chirac

Promenez-vous dans Paris et, au
hasard de la flânerie, vous
découvrirez quelque 500 êtres
de pierre soutenant balcons et
corniches : les cariatides de Paris.

Format 24 x 32 cm. 120 pages.
133 photographies en bichromie et
quadrichromie. Reliure pleine toile
avec dorure. Jaquette couleur
pelliculée sous étui individuel. 320 F

LE BESTIAIRE DE PARIS
par Jacques Barozzi
photographies de Magali Chanteux

Paris est un zoo où le lion,
roi des animaux, garde son trône,
talonné par le cheval.
Chats, tortues, hérons, gazelles,
éléphants... y vivent en harmonie,
en statue, en relief, en décor de
façade ou en peinture.
Un Paris féerique et inattendu
photographié avec art.

Format 18 x 25 cm. 144 pages.
125 photographies. Reliure cartonnée
et vernie. 145 F

LE FRONT DE SEINE
PARIS XVe

L'histoire, depuis ses origines les
plus lointaines, d'un site
exceptionnel, en bordure de Seine.
La conception et la réalisation,
l'urbanisme et l'architecture d'une
opération unique à Paris. Un
superbe ouvrage, largement illustré
de photographies, dessins et plans.

Format 23,5 x 29 cm. 120 pages.
90 illustrations noir et couleur, sous
reliure cartonnée et vernie. 175 F

LES PLACES DE PARIS

Aquarelles de Jean Pattou
Texte de Jean-Marc Léri,
Directeur du musée Carnavalet

Jean Pattou, architecte, dessinateur
et peintre, nous entraîne dans
une balade colorée de place en place
à travers une cinquantaine
d'aquarelles originales et inédites.

Format 26 x 29 cm. 120 pages.
50 illustrations couleur sur papier
aquarelle. Reliure pleine toile avec
dorure. Jaquette illustrée et vernie.
Texte bilingue français-anglais. 350 F

GUIDE DES 400 JARDINS PUBLICS DE PARIS

par Jacques Barozzi

Voici le premier guide complet
des jardins publics de Paris.
Ils sont 400, anciens jardins royaux,
parcs et squares haussmanniens,
espaces verts et promenades
du XXᵉ siècle.
Pour chaque arrondissement
un plan vous permet de repérer
les jardins les plus proches
de chez vous. Et pour chaque jardin,
des informations pratiques pour
organiser vos loisirs.

Format 13 x 21 cm. 300 pages.
165 illustrations, plans et photos
couleur. Brochage cousu fil.
Couverture vernie. 99 F

LA CITÉ INTERNATIONALE UNIVERSITAIRE DE PARIS

par Bertrand Lemoine
Préfacé par Étienne Dalmasso

Créée dans l'entre-deux-guerres
dans un idéal pacifiste, elle accueille
quelque 5 000 étudiants originaires
de plus de 100 pays. Chaque
fondation fait l'objet d'une notice
historique et descriptive et d'un
reportage photographique.

Format 16,5 x 24 cm. 124 pages.
120 illustrations dont 74 en couleur
sous reliure cartonnée et vernie. 150 F

GUIDE DES CIMETIÈRES PARISIENS

par Jacques Barozzi

Ce guide décrit les 26 cimetières
parisiens. Ils sont tous là avec leurs
célébrités, leurs tombes fétiches.
Découvrir ainsi les cimetières
parisiens, c'est prolonger la visite
du Panthéon et du Musée d'Orsay.

Format 16,5 x 24,5 cm. 192 pages.
124 illustrations en couleur,
27 cartes et plans.
Reliure souple avec rabats. 145 F

GUIDE NAÏF DE PARIS

par Marie-Christine Hugonot
LAURÉAT DU PRIX MONDIAL
DES GUIDES TOURISTIQUES

Découvrir Paris à travers l'œil d'une
cinquantaine de peintres naïfs
authentiques. Ouvrage illustré de
83 tableaux et agrémenté de
16 itinéraires insolites à travers Paris.

Format 22 x 18 cm. 144 pages.
105 illustrations couleur. Reliure
souple avec rabats. Français-anglais
ou français-allemand. 135 F

LA MÉDECINE A PARIS
DU XIIIᵉ AU XXᵉ SIÈCLE

Sous la direction du Dr André Pecker.
Toute l'histoire de la médecine, de la
pharmacie et de l'art dentaire. Celle
aussi des grandes épidémies qui ont
ravagé la capitale et des progrès de
l'hygiène publique. Les hauts lieux de
l'enseignement et de la recherche. Les
grands hôpitaux parisiens, les
académies, les sociétés savantes, les
musées, les bibliothèques, les archives...
Couronné par l'Académie de Médecine.
Prix MEDEC de la Médecine.

Format 23,5 x 30 cm. 528 pages. 485
illustrations. Reliure pleine toile, sous
jaquette illustrée et vernie. 780 F

Dans la même collection :
La Médecine à Montpellier du XIIᵉ
au XXᵉ siècle, La Médecine à Lyon
des origines à nos jours, La Santé
en Bretagne. Chaque volume
plus de 500 pages, illustré.

CINQ SIÈCLES DE PHARMACIE HOSPITALIÈRE 1495-1995

Textes réunis par François Chast, et Pierre Julien

En 1495 est créée la première pharmacie au sein d'un hôpital, à l'Hôtel-Dieu de Paris. En 1795, c'est la naissance de la Pharmacie Centrale des Hôpitaux de Paris, aujourd'hui plus active que jamais. Ce double anniversaire nous donne l'occasion de découvrir l'épopée d'une science peu connue à travers ce magnifique ouvrage largement illustré.

Format 23,5 x 30 cm. 384 pages. Plus de 300 illustrations noir et couleur. Index. Reliure pleine toile sous jaquette illustrée et vernie. 350 F

PANORAMA DES GRANDS BOULEVARDS

L'Histoire et Physiologie des Boulevards de Paris, par Honoré de Balzac, est illustrée par Daumier, Gustave Doré, Gavarni, Grandville, Nadar, Traviès... Un tableau panoramique, de la Madeleine à la Bastille, détaille l'architecture des Boulevards.

Format 16 x 31 cm. Ouvrage constitué d'un livret et d'un dépliant accordéon de 5,40 mètres imprimé sur fort papier ivoire, sous reliure. 170 F

TROIS SIÈCLES DE PORCELAINE DE PARIS

par Michel Bloit,
Préface de Maurice Rheims
de l'Académie Française

L'histoire de la Porcelaine de Paris et des premiers porcelainiers parisiens est retracée à travers l'aventure de Jean-Baptiste Locré, créateur d'une manufacture établie rue de la Fontaine-au-Roi.

PRIX EUGÈNE CARRIÈRE 1989 DE L'ACADÉMIE FRANÇAISE

Format 26 x 29,5 cm. 144 pages richement illustrées de 208 documents noir et couleur. Relié pleine toile avec dorure, sous jaquette couleur vernie. 340 F

1910 - PARIS INONDÉ

par Marc Ambroise-Rendu

Une crue sans précédent paralyse la capitale, des centaines de rues, des milliers d'appartements sont noyés. Électricité, gaz et distribution d'eau potable sont coupés. La cité est durement frappée. D'audacieux reporters, dont les frères Seeberger, photographient l'événement, leurs photos illustrent l'ouvrage.

Album relié au format 20 x 25 cm. 96 pages. 85 photographies exceptionnelles. 150 F

Inhaltsangabe

Bildernachweis

S. 54: historische Bibliothek der Stadt Paris; Seiten 32, 41, 47, 51, 55, 56: Französische Nationalbibliothek; alle anderen Abbildungen stammen aus privaten Sammlungen.

Unter Mitarbeit von Marie-Christine Lauroa

Achevé d'imprimer sur les presses de IGP
N° d'imprimeur 167 – Dépôt légal 4er trimestre 1996
ISBN 2.903.118.95.7 – Imprimé en France